SALZTEIG
Zauberhafte Ideen

Hiltrud Seibel

SALZTEIG
Zauberhafte Ideen

ENGLISCH VERLAG

Die Deutsche Bibliothek - CIP-Einheitsaufnahme
Salzteig: Zauberhafte Ideen/Hiltrud Seibel. - Wiesbaden: Englisch, 1996
ISBN 3-8241-0686-8

© by F. Englisch GmbH & Co Verlags-KG, Wiesbaden 1996
ISBN 3-8241-0686-8
Fotos Peter Wolf
Printed in Spain

Inhaltsverzeichnis

Vorwort

Schon die alten Ägypter haben aus Teig zu besonderen Anlässen Gebildbrote gebacken. Sie kannten allerdings noch nicht die konservierende Eigenschaft des Salzes, die den Teig für immer haltbar macht, vorausgesetzt er wird in trockenen Räumen aufbewahrt.

Ich selbst bin vor 14 Jahren beim Durchblättern einer Zeitschrift auf ein Salzteig-Rezept gestoßen, was mich sehr neugierig werden ließ. Voller Eifer machte ich mich sogleich daran, Teig zu kneten und wurde nach geraumer Zeit, mit glühenden Wangen, stolze Besitzerin zweier Fachwerkhäuser, die ich selbst entworfen hatte.

Von diesem Tage an gab es für mich kein Halten mehr. Von meiner Familie immer wieder motiviert und unterstützt, den Kopf voller neuer Ideen, wurde unsere Küche zur Backstube. Durch ständiges Verändern und Ausprobieren des Rezeptes habe ich für mich und für Sie das ideale Mischungsverhältnis herausgefunden.

Seit 13 Jahren unterrichte ich an der Volkshochschule Groß-Gerau das „Modellieren mit Salzteig" und bin auch ein bißchen stolz darauf, meine Schüler und Schülerinnen mit immer neuen Motiven überraschen zu können. Mit Salzteig modellieren macht nicht nur sehr viel Spaß, es bietet auch eine gute Möglichkeit, einfach einmal abzuschalten und der Phantasie freien Lauf zu lassen. Sie werden sehen, es wird Geist und Seele gleichermaßen guttun.

An dieser Stelle möchte ich meiner bislang „treuesten" Schülerin, Angelika Krabbe, ein herzliches Dankeschön sagen für die tatkräftige Unterstützung und Mithilfe bei der Textverarbeitung.
Und nun wünsche ich Ihnen viel Spaß beim Lesen, Anschauen, Modellieren und Malen.

Ihre Hiltrud Seibel

Grundsätzliches

Material und Werkzeug

- Mehl und Salz für den Teig
- Nudelholz zum Ausrollen
- Küchenmesser
- Backförmchen
- Spritztüllen
- Gewürznelken
- Strohhalme
- Zahnstocher
- Schaschlikspieße

- Borstenpinsel
- Plakafarbe
- Holzleim
- Lackspray
- Tapetenschutz
- Alufolie
- Büroklammern
- Gewebehaken

Rezept

- 2 Tassen Mehl
- 2 Tassen Salz
- 1 ¼ Tassen Wasser (lauwarm)

Tip: Nehmen Sie keine hochwertigen Produkte, das preisgünstigste Mehl und Salz ist genau richtig!
Wichtig ist, daß immer mehr Mehl als Salz (Volumen) verwendet wird.
Mischen Sie zunächst Mehl und Salz, und geben Sie dann erst das Wasser unter Rühren hinzu. Dann kneten Sie den Teig gut durch und lassen ihn zugedeckt etwa 15 Minuten ruhen.
Ihr fertiger Teig sollte trocken-elastisch sein. So läßt er sich am besten modellieren.
Ist der Teig zu weich, geben Sie noch etwas Mehl (kein Salz) hinzu.
Sollte Ihr Teig zu trocken sein, gießen Sie kein Wasser nach, sondern feuchten nur die Hände an und kneten ihn nochmals gut durch.
Solange Sie modellieren, sollten Sie Ihren Restteig immer wieder abdecken, damit er an der Oberfläche nicht antrocknet.
Das Rezept ist ausreichend, um ein Backblech zu füllen.
Worauf Sie achten sollten, wenn Sie noch Teig übrig haben:
Den Teig nicht in Alufolie einwickeln! Geben Sie Ihren Teig in eine Plastikschüssel mit Deckel, und bewahren Sie ihn im Kühlschrank auf, aber nicht länger als 2 Tage, sonst läßt er sich nicht mehr verarbeiten.

Modellieren

Bevor Sie beginnen, ihren Teig zu kneten, sollten Sie Ihre Hände mit einer Handcreme einreiben. So kann das Salz Ihrer Haut nichts anhaben.
Egal was Sie modellieren, formen Sie immer alles aus einer Teigkugel. Arbeiten Sie am besten gleich auf dem Blech, denn das Umplazieren vom Backbrett auf das Backblech erweist sich gerade bei größeren, flachen Teilen als etwas schwierig.
Rollen Sie den Teig immer auf etwas Mehl aus. Das gilt besonders für Kleider, Schürzen und Bänder. Bevor Sie Teig an- oder aufmodellieren, sollten Sie die Stelle immer erst mit Wasser anfeuchten. Achten Sie darauf, daß keine unnötigen Wassertropfen auf Ihre Arbeit kommen, da diese Stellen nach dem Backen dunkler werden.

Hilfsmittel zum Modellieren, wie Trinkhalme, Zahnstocher, Tüllen, Ausstechformen usw., sind in jeder Küche zu finden. Und wenn Sie in Ihrem Nähkästchen nachschauen, werden Sie vielleicht noch eine schöne Spitzenborte finden, die Sie auf einem Stück Teig (siehe auch Seite 10) ausrollen können, um Kleider, Schürzen usw. zu verzieren.
Bei den einzelnen Motiven finden Sie eine genaue Beschreibung der Arbeitsschritte und der Techniken.

Zum Aufhängen Ihrer Arbeiten können Sie aufgebogene Büroklammern (die in den noch frischen Teig geschoben werden) oder Gewebeaufhänger (die Sie mit Holzleim nach dem Backen aufkleben) verwenden.

Achten Sie darauf, daß Sie Ihre Hilfsmittel immer sauber halten. Das gilt auch für Ihre Hände, die sonst mit der Zeit eine immer dickere Teigschicht ansetzen würden.

Frisuren

Suchen Sie sich den passenden Haar-
schnitt für Ihre Salzteigfigur aus.
Die tollsten Lockenköpfe zaubern Sie,
indem Sie von einer Teigrolle etwas
Teig auf die schon vorgefertigte Kopf-
form schaben.
Für glattes Haar drücken Sie aus einer Teigkugel ein kleines Rechteck
zwischen Daumen und Zeigefinger
flach und schneiden mit dem Messer
die Haarsträhnen ein. Dann erst wird
die Frisur um den Kopf gelegt und in
Form gebracht.

Spitzen

Mit Hilfe von Spitzen können Sie
schöne Muster auf Kleidchen, Schürzen, Vorhängen usw. anbringen.
Legen Sie die Spitze auf den ausgerollten und zugeschnittenen Teig,
wellen Sie mit dem Teigroller darüber und plazieren Sie den Teig mit

Hilfe eines Messers vorsichtig an der
richtigen Stelle.

Backen

Das „Backen" von Salzteig ist eher ein „Trocknen" im Backofen. Dabei verändern sich Ihre Motive kaum noch, außer wenn der Ofen zu heiß ist, dann gehen sie auf.

Diese kleine Tabelle wird Ihnen beim Backen helfen:

Temperatur	Kränze und Figuren	Wandbilder mindestens 1 cm dick, z.B. Häuser, Türschilder usw.
75°C	1 Stunde bei leicht geöffneter Backofentür	2 Stunden bei leicht geöffneter Backofentür
100°C	1 Stunde bei geschlossener Backofentür	2 Stunden bei geschlossener Backofentür
150°C	1 Stunde bei geschlossener Backofentür	½ Stunde bei geschlossener Backofentür
175°C	Fertigbacken, bis die Teile nicht mehr am Blech kleben	Fertigbacken, bis die Teile nicht mehr am Blech kleben

Meine Schüler, Schülerinnen und ich haben mit diesen Backangaben die besten Erfolge erzielt.
Wenn Sie einen Gasherd haben, verwenden Sie ein helles Backblech, und beginnen Sie mit dem Backen auf der niedrigsten Stufe. Schalten Sie dann langsam höher.

Sollte der Teig hochgehen, schalten Sie die Temperatur etwas herunter, drücken die Blase vorsichtig mit Hilfe eines Topflappens heraus und lassen die Backofentür noch ein wenig offen. Backen Sie unterschiedlich dicke Stücke gleichzeitig, prüfen Sie zwischendurch, ob die kleineren und dünneren Teile schon fertig sind, und nehmen Sie diese dann heraus.

Da Backöfen verschiedener Hersteller sehr unterschiedliche Backresultate zur Folge haben, empfehle ich Ihnen, bei Ihren ersten Versuchen öfter mal nach Ihren kleinen Kunstwerken zu schauen. Mit der Zeit werden Sie dann Routine bekommen und sich selbst eine kleine Backtabelle anlegen können.

Wenn Sie Ihre Teile bemalen möchten, ist es vorteilhaft, wenn sie möglichst hell gebacken sind. Sollen die Teile naturbelassen bleiben, backen Sie sie solange, bis ein schöner Braunton erreicht ist. Beachten Sie aber, daß beim Lackieren der Farbton intensiver wird und bleibt!

Tip: Der Salzteig wird beim Backen dunkler, wenn Sie ihn vor dem Backen gleichmäßig mit Wasser bestreichen.

Bemalen

Zum Bemalen von Salzteigarbeiten haben sich Plaka-Farben am besten bewährt. Wichtig ist, daß Sie die Farbe immer mit Wasser verdünnt auftragen, denn es wirkt viel natürlicher, wenn der Salzteig noch etwas durchschimmert.

Kinder benutzen am besten den Wasserfarbkasten. Da sich Wasserfarbe durch Überpinseln wieder anlöst, sollten Sie diese Stücke nicht grundieren, sondern nach dem Trocknen zweimal mit Lack übersprühen.

Die nebenstehende Farbtabelle wird Ihnen beim Farbenmischen die Arbeit erleichtern.

Um Pastelltöne zu erhalten, mischen Sie zu Ihrer Farbe, in kleinen Schritten, Weiß dazu. Für dunkle Töne nehmen Sie etwas Schwarz.
Hautfarbe mischen Sie aus Weiß, ganz wenig Gelb, Rot und noch weniger Grün.
Am besten probieren Sie die verschiedenen Farbmischungen erst einmal auf einem Zeichenblock aus. Sie werden sehen, es macht Spaß. Nur Mut!

Haben Sie sich entschlossen, Ihre Stücke naturbelassen zu präsentieren, dann grundieren und lackieren Sie diese wie nachfolgend beschrieben.

Grundieren

Wenn Ihre bemalten Kunstwerke getrocknet sind, sollten Sie diese vor dem Lackieren noch grundieren. Hierzu eignet sich besonders Tapetenschutz, den Sie mit 10-20% Wasser verdünnt auftragen.

Lackieren

Nachdem Ihre Teile wieder getrocknet sind, können Sie mit dem Lackieren beginnen. Ich empfehle Ihnen, sich hierzu einen Acryl-Klarlack in der Spraydose zu kaufen. Er ist mühelos anzuwenden und viel sparsamer als ein Klarlack, der mit dem Pinsel aufgetragen werden muß, denn dazu würden Sie einen Verdünner benötigen, um den Pinsel zu reinigen. Allerdings sollten Sie zum Sprayen ins Freie gehen!

Aus den Grundfarben Rot, Blau und Gelb lassen sich fast alle Farbtöne mischen.

Motive für die Küche

Geflochtener Kranz

Der geflochtene Kranz ist ein Klassiker unter den Salzteigarbeiten. Hier sehen Sie ihn einmal ganz anders gestaltet. Die Bemalung macht's und läßt ihn eher wie einen Stoffkranz aussehen.
Ideal für Kinder und Anfänger!
Durchmesser: ca. 18 cm

Anleitung

Dieser Kranz wird aus drei gleich großen Teigsträngen (ca. 1,5–2 cm dick, ca. 70 cm lang) geflochten. Damit sich der Teig während des Flechtens nicht immer mehr in die Länge ziehen kann, fangen Sie, wie auf dem Arbeitsfoto demonstriert, in der Mitte an. Fügen Sie das Ganze zu einem Kranz zusammen, und wellen Sie leicht mit dem Teigroller darüber, so daß eine schöne ebene Fläche für das Aufmalen des Musters entsteht.
Bevor Sie mit dem Farbenmischen anfangen, besorgen Sie sich das Band für die Schleife und mischen Ihre Farbe danach. Das Bemalen muß sehr sorgfältig ausgeführt werden. In der Farbkombination „Grün – Natur" oder „Apricot – Natur" sieht dieser Kranz auch wunderschön aus.

Weintrauben

Ein dekorativer Wandschmuck für jeden Wohnbereich und eine hübsche Geschenkidee für Weinfreunde sind diese blauen Trauben.

Da können auch schon unsere Kleinen mitarbeiten! Vielleicht hilft Mutti bei den Blättern etwas mit, ansonsten ist es ganz einfach.

Höhe: ca. 16 cm

Anleitung

Rollen Sie sich erst eine dünne Teigplatte als Basis aus, und arbeiten Sie direkt den Stiel, der aus einem eingeritzten kleinen Teigstrang besteht, daran.

Bepinseln Sie dann den ganzen Untergrund mit Wasser, und beginnen Sie damit, viele Kugeln zwischen den Handflächen zu rollen und sie auf dem Untergrund zu plazieren.

Blätter

Halten Sie doch bei Ihrem nächsten Spaziergang mal Ausschau nach wildem Wein, und nehmen Sie sich ein paar frische Blätter mit nach Hause. Die Blätter werden auf eine ausgerollte Teigplatte gelegt, mit dem Teigroller vorsichtig eingedrückt und wieder abgehoben.

Jetzt brauchen Sie nur noch die Konturen nachzuschneiden. Die Blattadern werden vorsichtig mit dem Messerrücken nachgedrückt.

Tips zur Bemalung

Für die Farbe der Trauben wird Blau, wenig Schwarz und etwas Karminrot gemischt, das mit Wasser verdünnt aufgetragen wird.

Um Lichteffekte zu erreichen, wischen Sie mit einem weichen Tuch ganz leicht über die Oberfläche, solange die Farbe noch nicht angetrocknet ist.

Obstschale

Ein wunderschöner Wandschmuck, der auch für noch nicht so „Geübte" ideal zu modellieren ist.

Und wenn Sie noch etwas Probleme mit dem Bemalen haben, dann ist diese Obstschale auch naturbelassen ein toller Blickfang.
Ganz Mutige probieren die Schale gleich etwas größer aus.
Größe: ca. 20 x 12 cm

Anleitung

Bei diesem Motiv fangen Sie mit der Schale an. Formen Sie eine Teigkugel zwischen den Handflächen eiförmig, legen Sie diese auf das Backblech, und rollen Sie das Ganze bis zu einer Dicke von 2 cm aus. Lassen Sie die Schale zu den Kanten hin dünner auslaufen.

Aus zwei Teigrollen formen Sie die Henkel.

Bevor Sie das Obst aufsetzen, unterfüttern Sie diese Stelle mit etwas Teig. Gewürznelken als Blüten und Stiele lassen das Obst wie echt aussehen.

Für das Blatt drücken Sie eine kleine Teigkugel zwischen Daumen und Zeigefinger möglichst flach, lassen es an den Enden spitz zulaufen und drücken mit dem Messer, wie das Arbeitsfoto zeigt, die Blattadern ein.

Tips zur Bemalung

Diese Schale ist naturbelassen. Das Obst ist in Pastelltönen bemalt.

Küchenbord

Ein ideales Plätzchen, um alles überblicken zu können!
Unser Kater „Bobby" inspiriert mich immer wieder zu neuen Ideen. So entstand auch dieses Motiv, kombiniert mit einer weißen Spitzenborte und Stoffschleifen.
Größe: ca. 20 x 9 cm

Anleitung

Es ist hilfreich, sich vor dem Ausschneiden des Küchenbords eine Schablone aus Pappe zu erstellen.

Zuerst rollen Sie eine große Teigplatte, nicht dünner als 1 cm, aus und schneiden das Oberteil zu. Stechen Sie aus dem frischen Teig mit einem Strohhalm 2 Löcher aus, damit Sie später ein Band zum Aufhängen durchziehen können. Für den Zierrand drücken Sie mit dem Messerrücken eine schmale Rille ca. 0,5 cm vom Rand ein.

Die Ablage formen Sie aus einem Teigstrang, den Sie mit dem Zeigefinger der Länge nach flachdrücken und an die Unterkante des Oberteils anfügen.
Formen Sie die kleinen Gegenstände, und befestigen Sie sie auf der Ablage. Für das Kätzchen formen Sie zuerst einen „Katzenbuckel". Das Köpfchen ruht auf einer kleinen Teigkugel, die als Pfötchen dient. Dann fügen Sie noch einen kleinen Teigstrang als Schwänzchen an.
Die Ziergegenstände kommen durch die Bemalung erst richtig zur Geltung. Hier wirken kleine Muster besonders schön.
Nach dem Lackieren kleben Sie mit Holzleim eine Spitzenborte und Schleifchen auf.
Das Wort „Küche" habe ich ebenfalls aus Salzteig geformt. Wenn Sie die Rückwand des Bords etwas größer arbeiten und die Buchstaben daraufsetzen, können Sie das Motiv auch als Türschild benutzen.

Koch

Hier kocht der Chef selbst ...
Was wohl in dem Topf sein mag?
Höhe: ca. 24 cm

Anleitung

Hier werden Körper und Kleidung
gleich aus einem Stück modelliert.
Nehmen Sie ein großes Stück Teig,
kneten Sie es kurz durch, und formen
Sie es in den Händen zu einer dicken
Kugel. Daraus modellieren Sie den
Körper als Rechteck, ca. 2 cm dick,
auf dem Backblech. Achten Sie darauf, daß Sie zum Hals hin schmaler
und flacher werden.

Um eine Abgrenzung zwischen Oberkörper und Hose zu erreichen,
drücken Sie mit dem Messerrücken
an beiden Seiten und über dem
Bauch eine Kerbe ein. Danach erhalten die Hosenbeine ihre Längsstrei-
fen, die Sie auch mit dem Messerrücken eindrücken können.
Aus zwei Teigsträngen formen Sie die
Beine und aus zwei Teigkugeln die
Schuhe.

Für die Schürze und das Handtuch
rollen Sie jeweils ein Stück Teig ganz
dünn aus und schneiden die Teile
passend zu. Die Schürze befestigen
Sie auf der Hose.

Als nächstes formen Sie den Topf aus
einer Teigrolle und setzen ihn auf.
Für die Arme verwenden Sie zwei
Teigstränge und modellieren die
Hände an. Das Handtuch unter dem
Arm darf bei einem guten Koch

natürlich nicht fehlen. Jetzt erst legen Sie die Arme an den Körper an
und lassen die Hände den Topf umschließen.

Binden Sie Ihrem Koch noch einen
feschen Schal um, bevor Sie den
Kopf, aus einer Kugel geformt, aufsetzen.

Für die Haare nehmen Sie ein
Stückchen Teig in die Hand, halten es
an den Kopf und schaben mit dem
Messer den Teig ab, so entstehen die
schönsten „Locken".

Was wäre ein Koch ohne seine Mütze, die Sie aus einer Kugel formen.
Durch den Knick wirkt sie besonders
pfiffig.

Tips zur Bemalung

Die Teile wirken viel freundlicher,
wenn Sie kleine Muster aufmalen,
wie die karierte Hose, oder das Muster auf dem Handtuch. Selbst ein
kleiner farbiger Rand wirkt schon
Wunder. Hier können Sie frei experi-
mentieren.

Köchin

Es ist angerichtet! Die leckeren Klöße dampfen in der Schale.
Höhe: ca. 24 cm

Anleitung

Kneten Sie ein großes Stück Teig gut durch, formen Sie eine dicke Kugel für den Körper, die Sie mit der flachen Hand zu einem Oval drücken. Sie können auch mit dem Teigroller etwas nachhelfen. Der Körper sollte etwa 2 cm dick sein. Achten Sie darauf, daß Sie zum Hals hin schmaler und flacher werden. Für die Taille drücken Sie den Teig an den Seiten etwas zusammen.

Nun setzen Sie die Beine aus zwei Teigrollen an und formen die Schuhe. Für Rock und Schürze versuchen Sie, den Teig möglichst dünn auszurollen. Der Rock soll den Ansatz der Beine überdecken und unten rechts und links etwas abstehen. Oben drücken Sie den Rock an der Taille zusammen. Das Ober- und Unterteil der Schürze schneiden Sie am besten in zwei Teilen aus. Bevor Sie das Oberteil aufsetzen, fügen Sie die Träger ein und setzen einen kleinen Kragen auf. Sie können den Rand der Schürze in regelmäßigem Abstand leicht mit dem Messer eindrücken, damit kleine Bogen entstehen.

Dann formen Sie die Schüssel, die Sie oben etwas eindellen, damit nachher die „Klöße" nicht herausfallen. Für die Arme formen Sie zwei Rollen und modellieren die Hände heraus. Ach-ten Sie darauf, daß die Arme lang genug sind, damit sie die Schüssel umschließen. Die Puffärmel werden wie der Rock ausgerollt und aufgesetzt. Die Fältchen drücken Sie mit dem Messerrücken ein. Jetzt erst kommen die Klöße in die Schüssel.

Der Kopf wird aus einer Kugel geformt und auf den Körper gesetzt. Für die Haare wird ein ausgerolltes Teigstück mit dem Messer eingeritzt und aufgesetzt. Für die „Schnecken" setzen Sie zwei Kugeln auf und rauhen diese mit dem Messer auf.

Tips zur Bemalung finden Sie beim Koch.

Kinder und Tiere

Frühlingsstimmung

Vielleicht erinnert Sie dieses Bild auch an einen Urlaub auf dem Bauernhof?

Achten Sie doch einmal bei Ihrem nächsten Spaziergang darauf, ob Sie nicht ein schönes Motiv „einfangen" können, vielleicht auch mit der Kamera. Und dann modellieren Sie es zu Hause nach.

Prägen Sie sich die Farben der Natur gut ein, das hilft Ihnen beim Bemalen Ihrer kleinen Kunstwerke.

Größe: 17 x 9 cm

Anleitung

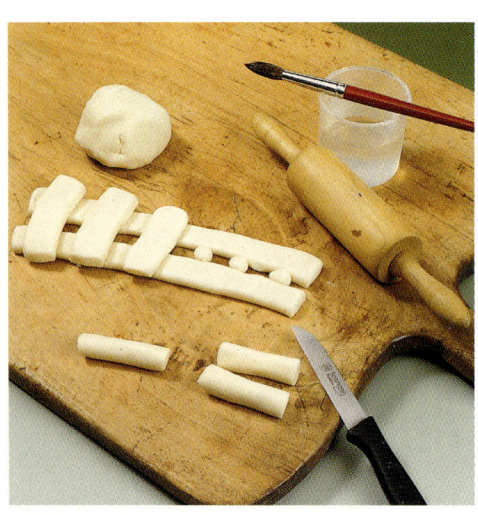

Schritt 1
Der Zaun wird erstellt.

Schritt 2
Die Wiese wird anmodelliert.

Schritt 3

Der Körper der Gans wird aus einer zu einem Tropfen geformten Teigkugel gearbeitet. Drücken Sie mit Daumen und Zeigefinger den Schnabel heraus. Setzen Sie dann den Flügel und die Füßchen an.

Schritt 4

Die kleine neugierige Katze arbeiten Sie, wie auf Seite 20 beschrieben, auf der Arbeitsplatte und heben sie mit Hilfe des Messers auf den Zaun. Ein paar Blumen auf der Wiese runden das Bild ab.

Fensterbild

Die Puppe und das Kätzchen genießen die ersten warmen Sonnenstrahlen.
Größe: ca. 20 x 15 cm

Anleitung

Der Aufbau dieses Fensters ist genau der gleiche wie der des auf Seite 42 beschriebenen.
Für den Körper der Katze formen Sie ein Dreieck. Den Kopf modellieren Sie aus einer Teigkugel, auf die Sie zwei kleine Dreiecke als Ohren aufsetzen. Was wäre eine Katze ohne Schwanz? Formen Sie ihn aus einer Teigrolle, ebenso die Schleife am Hals.

Bei der Puppe fangen Sie zuerst mit einem Dreieck als Unterbau an und modellieren Beine und Schuhe dazu. Das Kleidchen wird aus einem möglichst dünn ausgerollten Dreieck aufgelegt. Der nächste Schritt sind die Arme und Hände, es folgen Kragen und Knöpfe, und ganz zum Schluß wird der Kopf gefertigt. Vorschläge für die Frisuren finden Sie auf Seite 10. Bei dieser Frisur habe ich ein Rechteck zwischen Daumen und Zeigefinger flachgedrückt, mit dem Messer die Haarsträhnen vorsichtig eingeschnitten und um den Kopf gelegt. Für die Locken setzen Sie etwas aufgerauhten Teig auf.

Den Blumentopf fertigen Sie an wie auf Seite 42 beschrieben. Die Sonne lassen Sie scheinen, indem Sie eine flachgedrückte Teigkugel über dem Fensterkreuz anbringen.

Tips zur Bemalung

Die Vorhangfarbe habe ich aus Zinnoberrot, etwas Weiß und viel Wasser gemischt. Das Fensterkreuz und die Schleifen sind naturbelassen.

Wenn Sie Ihr Fensterbild gebacken und bemalt haben, kleben Sie, zusammen mit Ihrem Aufhänger, ein Stück hellblaue Pappe auf die Rückseite.

Mäuse und Käfer

Was tun mit den Teigresten?

Versuchen Sie, Ihr Backblech möglichst voll zu bekommen, damit es sich lohnt, den Backofen in Betrieb zu setzen.

Kleine Zwischenräume lassen sich wunderbar mit Käfern und Mäusen ausfüllen, und der Käse wird selbstverständlich gleich mitgeliefert.

Drei Freunde

Es ist schön, wenn man zusammen etwas unternehmen kann, und heute geht es auf den Spielplatz.
Größe: ca. 20 x 12 cm

Anleitung

Diese Figuren können Sie recht einfach herstellen. Ihre Kleider sind nur aufgemalt.

Der Körper des Mädchens ist aus einem Dreieck geformt, an das Sie Arme und Beine, aus kleinen Teigrollen, anfügen. Für Hände und Schuhe setzen Sie kleine Kugeln an. Die Jungen formen Sie aus Rechtecken, die Sie nach oben spitz zulaufen lassen. Mit dem Messerrücken drücken Sie die Hosenbeine ein.

Bevor Sie die Köpfchen, aus einer Teigkugel geformt, aufsetzen, modellieren Sie noch kleine Kragen. Eine Auswahl an Frisuren finden Sie auf Seite 10.

Die Kinder stehen auf einer Wiese. Dafür rauhen Sie eine lange Teigrolle mit dem Messer auf. Danach können Sie die Wiese mit vielen kleinen Blumen schmücken.

Die Katze arbeiten Sie nach der Anleitung auf Seite 20. Den Körper des Hundes modellieren Sie wie den der Katze. Arbeiten Sie den Kopf aus einer Teigkugel, und ziehen Sie ihn für die Schnauze vorsichtig nach vorne. Vergessen Sie die kleine Nase und das Ohr nicht!

Große Schwester

Die Schwester tröstet ihr kleines Brüderchen liebevoll, das sich vor dem Hund erschreckt hat.
Höhe: ca. 14 cm

Anleitung

Zuerst fertigen Sie den Körper des Mädchens aus einem langgezogenen Dreieck. Drücken Sie das Unterteil mit dem Daumen nach oben, so daß der Mantel etwas absteht. Setzen Sie

jetzt schon den Schuh und die Bodenplatte an.

Den Körper des Jungen formen Sie aus einer Teigrolle, und modellieren den kleinen Po heraus. Achten Sie auf das Größenverhältnis beider Figuren. Fertigen Sie eine kleine Teigrolle als Schuh, und stellen Sie den Jungen, eng an seine Schwester geschmiegt, auf die Bodenplatte. Als nächstes modellieren Sie die Ärmchen der Figuren. Die Händchen setzen Sie getrennt, aus kleinen Kugeln geformt, an und teilen mit dem Messer den Daumen ab.

Bevor Sie mit den Köpfen anfangen, legen Sie die Kragen auf die Kleidungsstücke.
Für den Kopf des Mädchens drücken Sie eine Kugel mit dem Messerrücken in Augenhöhe etwas ein. Die Lockenpracht wird mit einem Hut, der aus einer flachgedrückten Teigkugel besteht, bedeckt. Der Mantel bekommt noch eine Tasche, und als Aufhänger wird eine Büroklammer in den noch frischen Teig gesteckt.
Den Hund arbeiten Sie nach der Anleitung auf Seite 57.

Tips zur Bemalung

Die Farbe für den Anzug des Jungen wird aus Karminrot und Schwarz gemischt und mit reichlich Wasser verdünnt, ebenso die für den Hut des Mädchens.
Für die Mantelfarbe wird Blau und Weiß gemischt.

Tierliebe

Eigentlich wollte das Hündchen im Puppenwagen gefahren werden. Jetzt hat sich aber blitzschnell das Kätzchen den Platz erobert. Deshalb wird das Hündchen getragen. Aber vielleicht können sich die beiden abwechseln?
Höhe: ca. 16 cm

Anleitung

Für diese Figur formen Sie aus einem größeren Stück Teig ein langgezogenes Dreieck. Modellieren Sie das Oberteil zu einem Rechteck, und drücken Sie mit dem Messerrücken die Taille und ein paar Falten für den

Rock ein. Den Rocksaum drücken Sie mit dem Daumen nach oben, damit er etwas absteht. Dann setzen Sie die Beine an. Für die Schuhe genügen zwei flachgedrückte Kugeln.

Aus den Armen werden die Hände gleich herausmodelliert. Die kleinen Puffärmel sind aus runden dünnen Teigplatten geformt.
Bevor Sie den Kopf, aus einer Teigkugel geformt, aufsetzen, kommt noch ein kleiner Kragen auf das Kleid und ein schmales Zierband an den Rock.

Für den Puppenwagen formen Sie aus 5 Teigkugeln das Unterteil, die Räder, das Verdeck und den Wagengriff. Zwei Pfötchen und den Kopf des Kätzchens setzen Sie zum Schluß hinein. Das Modellieren des Kätzchens und des Hundes ist auf Seite 20 beschrieben.

Tips zur Bemalung

Wenn Ihnen mein Bemalungsvorschlag gefällt, mischen Sie die Farben wie folgt:
für das Kleid Weiß, Grün und Blau,
für die Haare Rot, Gelb und Grün,
für den Puppenwagen Weiß und Karminrot.

Geburtstagsgäste

Für so liebe Gäste ist immer noch ein Plätzchen frei, und wer würde sich nicht gerne mit Blumen verwöhnen lassen?

Die liebevolle Bemalung läßt die Figuren zu einem echten Blickfang werden. Den Aufbau der Figuren können Sie auf den Seiten 32 und 36 nachlesen.

Teddybären

Kleine Faulpelze

Ganz schön müde sehen sie aus, die kleinen Bärchen. Vom Mond geborgen und beschützt schmücken sie nicht nur die Kinderzimmer. Auch die Erwachsenen haben sie schon längst liebgewonnen.

Anleitung

Für den Mond rollen Sie einen Teigstrang auf der Arbeitsplatte mit den Handflächen an beiden Seiten spitz zu. Legen Sie ihn wie eine Sichel auf das Backblech, und wellen Sie nun mit dem Teigroller darüber. Wenn alles geklappt hat, müßte Ihr Stück Teig jetzt wie ein Mond aussehen. Für das Bäckchen nehmen Sie eine Teigkugel, drücken rundherum den Rand ganz flach und modellieren ihn in der Mitte des Mondes auf. Haben Sie sich für den „Zipfelmützen-Mond" entschieden, dann formen

Sie einen dünnen Teigstrang samt einer Teigkugel als Mütze und plazieren sie direkt auf der Sichel.
Das Modellieren des Bären können Sie auf Seite 54 nachlesen.
Eine aufgebogene Büroklammer wird in den noch frischen Teig geschoben, um später das Band daran zu befestigen.

Der kleine Bär auf dem Sessel wartet nur darauf, daß ihn jemand zudeckt, damit er sein Mittagsschläfchen halten kann.
Der Sessel wird aus drei Teigkugeln geformt. Fangen Sie mit der Rückenlehne an, es folgen das Unterteil mit den Armlehnen und das Sitzkissen. Ein kleines Sofakissen belebt die Idylle. Den Bären formen Sie wie auf Seite 54 beschrieben.
Die Schleifchen der Windel werden aus Teig aufgesetzt, während die Hose selbst aufgemalt ist.

Gute Nacht

Im Kinderzimmer ist es mucksmäuschenstill. Das Kätzchen schläft auf der Fensterbank. Die Mutter hat die „Gute-Nacht-Geschichte" vorgelesen, und das Bärchen wirft noch einen letzten Blick in das Kinderbettchen. Größe: ca. 20 x 15 cm

Anleitung

Fertigen Sie zuerst den Fensterrahmen aus 4 Teigrollen von ca. 2 cm Dicke an. Für die Fensterbank drücken Sie eine Teigrolle flach. Sie sollte auf beiden Seiten etwa 1 cm über das Fenster überstehen, damit die Vorhänge seitlich aufliegen können und genügend Platz für den Bären und die anderen Motive ist.

Je nach Größe Ihres Außenrahmens passen Sie nun das Fensterkreuz aus flachgedrückten Teigrollen an.

Für die Vorhänge rollen Sie dünne Teigplatten aus und schneiden sich zwei Rechtecke. Nehmen Sie vorher an Ihrem Fensterrahmen Maß. Legen Sie nun die Vorhänge vorsichtig in Falten auf den Rahmen. Für den oberen Abschluß fertigen Sie eine Teigrolle von ca. 30 cm Länge und rollen sie dünn aus. Auch diese wird in Falten aufgelegt.

Bevor Sie die Schleifen (Anleitung S. 46) aufsetzen, drücken Sie an diesen Stellen mit Daumen und Zeigefinger die Vorhänge etwas zusammen. Für den Blumentopf pressen Sie eine kleine Kugel flach, setzen ein

Stückchen Teig darauf und rauhen es mit dem Messer an. Kleine Teigkügelchen, die Sie mit Hilfe des Pinselstiels auf diesen angerauhten Teig setzen, machen Ihre Blumenschale komplett.

Das Modellieren des Bären ist ausführlich auf Seite 54 beschrieben.

Tips zur Bemalung

Die Vorhangfarbe wird aus Blau, Schwarz und Weiß gemischt. Für das Fensterkreuz und die Schleifen mischen Sie sich in die Restfarbe noch etwas Weiß. Denken Sie daran, sich genügend Farbe anzumischen. Die Farbe der Fensterbank besteht aus Gelb, Weiß und etwas Zinnoberrot.

Fertigstellung

Wenn Sie Ihr Fensterbild gebacken und bemalt haben, kleben Sie ein Stück dunkelblaue Pappe auf die Rückseite. Am besten nehmen Sie dafür Holzleim. Vergessen Sie nicht, Ihren Aufhänger anzuleimen.

Jetzt fehlen nur noch Mond und Sterne, die Sie mit gelber Farbe auf den dunkelblauen Karton malen.

Bärenmutter

Diese Bärenmutter mit ihren Jüngsten läßt das Herz eines jeden Bärenliebhabers höher schlagen.
Nehmen Sie sich viel Zeit zum Modellieren und Bemalen, denn gerade die Details machen das Motiv so liebenswert.
Höhe: ca. 17 cm

Anleitung

Für die Bärenmama kneten Sie ein großes Stück Teig gut durch und formen eine Kugel für den Körper, die Sie mit der flachen Hand zu einem Oval drücken.

Der Körper sollte nicht dicker als 2 cm sein und zum Hals hin schmaler und flacher zulaufen. An der Taille drücken Sie den Teig etwas zusammen.

Nun setzen Sie die Beine aus zwei Teigrollen an, aus denen Sie vorher die Tatzen herausmodelliert haben.

Rollen Sie für die Schürze eine Teigplatte möglichst dünn aus, schneiden Sie sie zu, und legen Sie diese mit Hilfe eines Messers auf den Körper.

Bevor Sie die Arme aus zwei Teigrollen fertigen, sollten Sie schon mal die Milchflasche und den kleinen Bär modellieren. Die Anleitung finden Sie auf Seite 54. Dann werden die Arme aufgesetzt und die Puffärmel angepaßt. Die Falten drücken Sie mit dem Messerrücken ein. Nun geben Sie der Bärenmama das Fläschchen in die Hand und legen ihr das Baby in den Arm.

Diese Arbeiten müssen schnell hintereinander ausgeführt werden, da der Salzteig schnell antrocknet und sich dann beim Biegen der Arme Risse bilden.

Als nächstes setzen Sie die Schleife, die Knöpfe und den Kragen auf das Kleid.
Nun formen Sie eine Kugel für den Kopf und drücken vorsichtig die Schnauze nach vorne. Setzen Sie den Kopf etwas schräg auf. Jetzt kommen noch die zwei Kügelchen für Nase und Nasenspitze darauf. Vergessen Sie die kleinen Ohren nicht.

Zum Schluß setzen Sie den zweiten kleinen Bären an den Rockzipfel der Mutter.

Tips zur Bemalung

Die Farbe der Bären wird aus Weiß, Gelb, ganz wenig Zinnoberrot und Schwarz gemischt und mit viel Wasser verdünnt aufgetragen.

Kleine Geschenkideen

Bilderrahmen

Mit solch originellen Bilderrahmen werden Sie bei Freunden und Verwandten sicher Eindruck machen. Sie eignen sich übrigens auch sehr gut als kleines Geschenk.

Anleitung

Wählen Sie zuerst die Fotos aus, die gerahmt werden sollen, und messen Sie diese aus. Passend dazu fertigen Sie nun Ihre Teigrollen und legen sie zu einem Oval, Kreis, Rechteck oder Quadrat.
Arbeiten Sie die Schleifen wie auf dem Arbeitsfoto zu sehen, und setzen Sie sie auf.

Tip: Bei runden und ovalen Rahmen

plazieren Sie Ihre Schleife auf die Verbindungsstelle.

Zum Bemalen der Rahmen habe ich hier „Goldbronce" verwendet. Sie wird erst nach dem Lackieren aufgetragen.
Als Farben für die Schleifen habe ich Pastelltöne gewählt. Das Rosa mischen Sie aus Weiß mit Karminrot, das Lila aus Weiß, Blau und Karminrot.
Das Foto wird von hinten gegen den Rahmen geleimt und mit einer passend dafür zugeschnittenen Pappe verstärkt. Leimen Sie Gewebeaufhänger an, lassen Sie den Rahmen mehrere Stunden trocknen, und Ihr gerahmtes Bild kann aufgehängt werden.

Fachwerkhaus

Seien Sie doch mal Ihr eigener Bauherr! Entwerfen Sie Ihr Traumhaus, und planen Sie nach Herzenslust, ohne auf den Pfennig schauen zu müssen. Ein Fachwerkhaus sieht immer sehr reizvoll und idyllisch aus. Größe: ca. 18 x 15 cm

Anleitung

Am besten Sie stellen sich erst eine Schablone von der Giebelwand her, bevor Sie Ihren Teig ausschneiden. Das Dach formen Sie aus einer flachgedrückten Teigrolle, ebenso wie Tür und Fensterrahmen.

Der Schornstein wird aus einem Rechteck ausgeschnitten und der Dachschräge angepaßt. Durch Einritzen des Teiges können Sie ihn sogar „verklinkern".

Der Baumstamm wird aus einem Teigstrang geformt, und aus aufgerauhtem Teig entsteht die Baumkrone. Das schöne Pflaster setzt sich aus vielen Teigkugeln zusammen, die mit dem Teigroller noch etwas bearbeitet werden.

Dieses Mal wird das Kätzchen mit einem Backförmchen ausgestochen, lediglich der Schwanz wird aufmodelliert.

Zum Schluß wird der Zaun aus einem Stück Teig hergestellt, das Sie mit dem Messerrücken eindrücken.

Wintertraum

Alles sieht ganz friedlich aus. Einsam und verlassen sind Schneemann und Schlitten. Der Schnee hat die Spuren der spielenden Kinder über Nacht längst verwischt.

Erfüllen auch Sie sich diesen kleinen „Wintertraum".
Größe: ca. 12 x 16 cm

Anleitung

Rollen Sie zwei Teigplatten aus, und schneiden Sie die Umrisse, wie auf den untenstehenden Skizzen zu sehen, aus.

Aus einer flachgedrückten Teigrolle formen Sie das verschneite Dach. Setzen Sie nun das kleinere Haus vor das große. Fenster und Tür werden aus kleinen Teigrollen direkt auf die Hausfront gelegt. Vergessen Sie nicht die verschneiten Fensterbänke!

Der Zaun ist aus einem Stück geformt und mit dem Messerrücken eingeritzt. Besorgen Sie sich aus dem Garten ein paar Ästchen, und stecken Sie diese vor dem Backen in den frischen Teig.

Tips zur Bemalung

Die Farbe des Hauses wird aus Weiß, Blau, Zinnoberrot und Schwarz gemischt. Rot und Schwarz sollten Sie ganz vorsichtig dosieren.

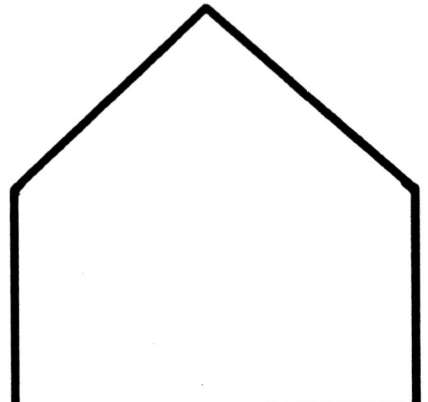

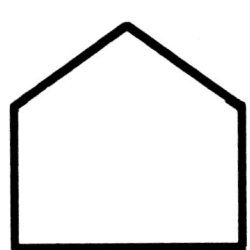

Es weihnachtet

Für mich ist es die schönste Zeit im Jahr, wenn ich Ende November anfangen kann, das Haus mit Weihnachtsmotiven zu schmücken und wenn der Duft von Lebkuchen und Plätzchen durch die Zimmer zieht. Dann sollten auch Sie schnellstens anfangen, schöne Anhänger für Zweige, Tannenbaum usw. aus Salzteig zu basteln. Die Kinder werden genauso mit Eifer dabeisein wie Sie.

Auf der Abbildung finden Sie einige Motivvorschläge, aber sicher haben Sie selbst auch noch tolle Ideen. Bei den kleinen Figuren wird eine aufgebogene Büroklammer als Aufhänger von oben in den Teig geschoben.

Versuchen Sie auch einmal, mit Ausstechförmchen Anhänger für Geschenke herzustellen. Mit dem Namen des Empfängers versehen, finden sie sicher viel Beifall. Drücken Sie mit dem Pinselstiel das Muster ein. Vergessen Sie nicht, mit dem Trinkhalm ein Loch für den Aufhänger zu stechen.

Besonders glanzvoll sehen die Anhänger aus, wenn Kanten, Schriftzug und Verzierungen mit „Goldbronce" (nach der Lackierung) aufgetragen werden.

Türschilder

Kinderzimmer

Mit so einem originellen Türschild kommen Sie bei den „Kids" immer gut an!

Die Länge des Namens vom zukünftigen Besitzer bestimmt die Größe des Türschilds.

Der Aufbau ist der gleiche, wie der des auf Seite 20 beschriebenen Küchenbords. Es ist auch hier hilfreich, sich eine Schablone aus Pappe zu erstellen.

Die Dekoration gestalten Sie nun nach Ihrem Geschmack. Aber verlieren Sie bitte nicht den Mut, wenn es nicht gleich so klappt, wie Sie es sich vorstellen. Probieren Sie es ruhig ein zweites oder drittes Mal aus.

Der Bär wird aus 10 Teigkugeln modelliert. Zuerst formen Sie den ovalen Körper und setzen aus 4 Teigrollen Arme und Beine an. Der Kopf wird zum Schluß geformt und auf den Körper gesetzt. Jetzt erst modellieren Sie Ohren, Nase und eine winzige Kugel als Nasenspitze auf. Die Kleidung ist aufgemalt.

Ist das Türschild für einen Tierfreund gedacht, lassen Sie doch ein Kätzchen oder vielleicht einen Hund, wie bei dem Türschild auf Seite 56 beschrieben, über den Rand schauen.

Tierfreund

Hereinspaziert, hier ist jeder willkommen!

Dieses Türschild ist ein schönes Geschenk für liebe Freunde, die „Vierbeiner" in ihr Herz geschlossen haben.
Der Briefkasten bietet Platz, um Namen, Hausnummer usw. unterzubringen.
Größe: ca. 18 x 13 cm

Anleitung

Beginnen Sie mit dem Gartentor, für das Sie eine Platte von 2 cm Stärke ausrollen. Schneiden Sie es unten glatt ab, und lassen Sie es oben etwas unregelmäßig, das wirkt natürlicher. Die Holzlatten werden mit dem Messerrücken leicht eingedrückt. Bringen Sie nun den Türgriff und den Briefkasten an.

Fertigen Sie für die Wiese eine Teigrolle, und legen Sie diese unterhalb des Gartentores an. Sie sollte an beiden Seiten etwas überstehen. Rauhen Sie die Wiese, wie auf Seite 26 (Schritt 2) beschrieben, mit Hilfe eines Messers auf. Wenn Sie auch das Tor „begrünen" wollen, genügt hier etwas aufgerauhter Teig.

Für Hund und Katze, die über das Tor schauen, formen Sie erst die Pfoten aus kleinen Teigrollen. Für den Katzenkopf rollen Sie eine kleine Kugel und setzen zwei winzige Dreiecke als Ohren auf. Die Schnauze des Hun-

des ziehen Sie aus einer Kugel heraus und setzen noch ein kleines Kügelchen als Nase auf. Jetzt werden noch die Hängeohren befestigt, und die zwei sind fertig.

Für den Hund vor dem Tor formen Sie den Körper aus einem Dreieck und den Kopf wie zuvor beschrieben. Natürlich darf der Schwanz nicht fehlen. Der Vogel und die Maus gelingen Ihnen problemlos, wenn Sie sich die Abbildung genau anschauen.

Zum Ausschmücken formen Sie klei-

ne Blumen, indem Sie Kügelchen flachdrücken, auf den Pinselstiel aufstecken und auf den Teig setzen.

Tips zur Bemalung

Das Grün für die Wiese mischen Sie aus Gelb und Blau.
Mit Zinnoberrot und etwas Schwarz wird das Gartentor angemalt. Sie können die Vertiefungen mit etwas Schwarz nachziehen. So wirkt Ihr kleines Kunstwerk besonders plastisch.

Familie

Sehr viel Geduld ist notwendig, um dieses Türschild nachzuarbeiten, aber es lohnt sich: Eine hübsche Geschenkidee, mit ganz persönlicher Note.
Größe: ca. 16 x 18 cm

Anleitung

Die Größe des Hauses richtet sich nach der Anzahl der Familienmitglieder.

Möchten Sie mehr als vier Personen modellieren, dann sollten Sie den Hintergrund etwas breiter und höher ausrollen, damit mehr Fläche entsteht. Das Haus arbeiten Sie ähnlich wie das Fachwerkhaus auf Seite 48. Den Zaun modellieren Sie aus einem Teigstück, in das Sie mit dem Messerrücken die Zaunlatten eindrücken. Oberkörper und Köpfe Ihrer Lieben formen Sie ganz zum Schluß. Vorschläge für die Frisuren finden Sie auf Seite 10.

Die Buchstaben des Namens habe ich aus einer dünnen Teigrolle geformt. Wenn es Ihnen zu viel Mühe macht, dann schreiben Sie sie mit Pinsel und Farbe auf.

Lustige Figuren

Clown

Dieser lustige Clown gefällt besonders Kindern gut.
Höhe: ca. 20 cm

Anleitung

Für den Körper kneten Sie ein großes Stück Teig gut durch und formen eine dicke Kugel. Diese legen Sie auf Ihr Blech und rollen sie auf eine Dicke von 2 cm aus. Achten Sie darauf, daß ein schönes Oval entsteht. Die Arme entstehen aus zwei Kugeln, die Sie

mit der flachen Hand nach einer Seite spitz ausrollen.

Nun setzen Sie zwei Kugeln als „Bommeln" auf den Körper. Für die Schuhe formen Sie zwei Rollen und drücken mit dem Messerrücken die Absätze ein. Wählen Sie die Schuhgröße nicht zu klein, Clowns haben große Füße!

Der Kopf wird aus einer Kugel geformt und auf den Körper gesetzt. Feuchten Sie jetzt den ganzen Kopf mit Wasser an. Zuerst setzen Sie in die Mitte die Nase. Modellieren Sie die Bäckchen aus zwei flachgedrückten Teigkügelchen, und verstreichen Sie die Ränder sorgfältig mit einem feuchten Pinsel. Für die Haare halten Sie ein Stück Teig an den Kopf und schaben mit dem Messer soviel davon ab, bis genug Haare auf dem Kopf sind.

Nun fehlt nur noch das Käppchen, das einfach als Dreieck geformt wird. Dieser Clown darf ruhig etwas kräftigere Farben haben. Nach dem Trocknen binden Sie ihm noch eine passende Schleife um.

Pfarrer und Landstreicher

Nachdem Sie jetzt sicher schon viele Motive aus meinem Buch nachgearbeitet haben, sind diese beiden Figuren eine echte Herausforderung für Sie.

Sie sind nicht einfach zu modellieren, aber sie sind einen Versuch wert,

oder vielleicht haben Sie eigene Ideen und benutzen die beiden als Anregung?

Ich jedenfalls wünsche Ihnen viel Spaß und Erfolg mit den zauberhaften Ideen aus Salzteig.

Eine Auswahl aus unserem Gesamtprogramm

ISBN 3-88140-198-9
Broschur, 64 Seiten

ISBN 3-8241-0639-6
Broschur, 32 S., Vorlagebogen

ISBN 3-8241-0644-2
Broschur, 32 S., Vorlagebogen

ISBN 3-8241-0687-6
Broschur, 64 Seiten

ISBN 3-8241-0471-7
Hardcover, 64 Seiten

ISBN 3-8241-0623-X
Broschur, 64 Seiten

ISBN 3-8241-0580-2
Broschur, 64 Seiten

ISBN 3-8241-0666-3
Broschur, 64 Seiten

ISBN 3-8241-0589-6
Broschur, 64 Seiten